Awen Lucia

Die Elohim
Engel ohne Grenzen

ISBN 978-3-8434-5073-7

Awen Lucia:
Die Elohim
Engel ohne Grenzen

Umschlag: Murat Karaçay,
Simone Leikauf, Schirner, unter
Verwendung eines Bildes von Heike
Hild, www. heike-hild.de, # 40078776
(Novaya), www.fotolia.de
Satz: Simone Leikauf, Schirner,
unter Verwendung einer Grafik
der KARTENHAUS KOLLEKTIV
Grafische Dienste GmbH, Regensburg
Redaktion: Claudia Simon, Schirner
Printed by: ren medien, Filderstadt,
Germany

www.schirner.com

1. Auflage Juli 2013

Inhalt

Einführung

Mein erster bewusster Kontakt mit den Elohim-Energien kam beim Engelkongress 2010 in Salzburg zustande. Ich hatte schon jahrelang intensiv mit den Engeln zusammengearbeitet und in einigen Ausbildungsgruppen die Teilnehmer zu Engeltherapeuten ausgebildet. Die geistige Welt ist mir von Kindesbeinen an sehr vertraut. So ist es wirklich keine Übertreibung, wenn ich sage: Durch die Elohim habe ich – trotz meiner bereits tiefen Verbindung zu den Engeln – noch einmal einen absoluten Durchbruch erlebt. Meine Energie hat sich maßgeblich verändert und meine Schwingung signifikant erhöht!

Am ersten Abend in Salzburg hatte ich den klaren Impuls, ins untere Stockwerk zu gehen, wo die Verkaufsstände aufgebaut waren. Wie magisch zog es mich ohne Umschweife zum Stand von Petra Schneider und den LichtWesen®-Produkten. Wie von Geisterhand geführt griff meine Hand nach einem kleinen, viereckigen Prospekt. Groß stand dort als Überschrift »Elohim«, und ich wunderte mich, was es damit genau auf sich hatte. Ich hatte allerdings keine Lust, den Prospekt genau zu lesen, sondern griff ein weiteres Mal zum Verkaufstisch, wo kleine Flaschen aufgereiht waren. »Aha, die goldenen

Elohim«, las ich auf dem Fläschchen und stellte es wieder zurück. Nun umrundete ich den Tisch, wo Karten ausgelegt waren. Ich zog eine Karte: die goldenen Elohim! Nun musste ich lachen und murmelte vor mich hin: »Nun gut, jetzt hab ich es schon verstanden, es ist wohl Zeit, dass ich mich mit den Elohim beschäftige – besonders mit den goldenen.« Die nette Dame am Stand erklärte mir auf mein Nachfragen, dass die goldenen Elohim dabei unterstützen würden, Autorität und Stärke zu entwickeln, erfolgreich im Beruf zu sein und Wohlstand zu erlangen. »Na, das passt ja wie die Faust aufs Auge!«, dachte ich laut, und etwas in mir fühlte sich sofort absolut angesprochen. Nachdem mir die Dame erklärt hatte, was es alles von den Elohim zu kaufen gäbe, entschied ich mich für das Öl der goldenen Elohim.

Ich steckte die Flasche in meine Handtasche und ging zurück zu meinem kleinen Stand im oberen Geschoss. Die nächsten Stunden waren erfüllt mit unzähligen Gesprächen, ich schien eine völlig neue Anziehungskraft zu besitzen. Auch wenn ich durch den Ausstellungsraum lief, wurde ich sofort angesprochen. Menschen wurden wie magisch zu mir »gezogen«, ich konnte kristallklar wahrnehmen, dass sich mein »Magnetismus« stark erhöht hatte. Was war das denn?
Abends dann, als das offizielle Programm schon vorüber war, traf ich »zufällig« auf Petra Schneider und sprach sie an. Wir kamen ins Plaudern über die Elohim und über das

Bücherschreiben. Ich erzählte ihr davon, dass ich bereits seit meiner Jugend wusste, dass ich Bücher schreiben wolle, aber dass ich mich bislang noch blockiert gefühlt hätte. Petra gab mir wertvolle Tipps, und ich kam langsam aber sicher in Hochstimmung. Zum krönenden Abschluss kaufte ich noch schnell ihr Buch über die Elohim und freute mich auf mein Hotelzimmer. Dort wollte ich sogleich in das neue Buch hineinlesen.

Es ist schwer zu beschreiben, aber ich war so aufgewühlt und konnte die ganze Nacht kaum ein Auge zutun. Energien durchfluteten mich, ich fühlte mich heiß und kribbelig, zwischendurch schauderte ich. Und meine Gedanken überschlugen sich. Ideen, Bilder und Visionen drangen in mein Bewusstsein. »Was ist nur los mit mir?«, fragte ich mich im Morgengrauen. Ich wusste und spürte, dass etwas Wichtiges und Bedeutungsvolles im Gange war. Hatte die Dame gestern am Stand, als ich das Ölfläschchen kaufte, nicht auch etwas von Elohim-Schmuck gesagt? Ich konnte es kaum erwarten, bis die Aussteller ihre Stände öffneten, und mein erster Weg führte mich zum LichtWesen®-Stand. Petra war auch da, und ich erzählte ihr lachend, wie es mir nachts ergangen war. Ohne über den Preis nachzudenken, kaufte ich gleich die gesamte Elohim-Kollektion: 12 Zirkonia – je einen für jeden Elohim –, die man so zusammenstellen kann, wie man die Energien braucht oder wünscht. Ich legte den Schmuck sofort an, und mir wurde ganz heiß. Noch heute werde ich ständig auf den Schmuck angesprochen, er fällt auf, weil er wunderbare Energie transportiert. Im Übrigen trage ich seither keinen anderen Schmuck mehr.

Wieder zu Hause spürte ich den Unterschied noch deutlicher als zuvor auf dem Kongress. Denn bei Kongressen herrscht meist eine außergewöhnliche Energie, man fühlt sich wie beflügelt. Meine Ausstrahlung hatte sich verändert, das bekam ich jetzt immer öfter zu hören. Ich fühlte mich monatelang auf einem wunderbaren Hoch. Aber das Beste war, dass ich endlich angefangen hatte zu schreiben! Mein Gott, das hatte ich ja nach all dem Widerstand kaum mehr für möglich gehalten. Jahrelang hatte ich versucht, etwas aufs Papier zu bringen und mich gar zum Schreiben zu zwingen, aber es hatte nicht funktioniert. Charles Virtue hatte noch beim Kongress in einem Gespräch in Bezug auf das Schreiben zu mir gesagt, dass für alles der richtige Zeitpunkt käme. Wie recht er hatte. Jetzt war der Zeitpunkt da! Die Energien der Elohim begleiteten mich intensiv während der ganzen Zeit – bis heute. Sie fühlen sich einfach wie Heimat an, anders kann ich es nicht erklären.

Was sind überhaupt die Elohim?

Elohim sind eine bestimmte Form der Engel, sozusagen eine besondere »Abteilung« unter den Engeln. Und was sind Engel? Engel sind eine Energieform. Alles im Universum besteht aus Energie, und diese ist in unterschiedlichen Dichteformen wahrnehmbar, beziehungsweise befindet sich in verschiedenen »Anregungszuständen«. Angeregt wird eine Energie durch ein Bewusstsein, welches die Energie wahrnimmt (ja, ich weiß, das ist alles arg theoretisch). Engel haben für mich nichts mit Kirche und Glauben zu tun, sondern sind eine bestimmte Ausdrucksform der universellen Energie. Nicht jeder Mensch kann Engel sehen oder fühlen, da diese nicht so dicht wie greifbare Materie sind. Allerdings erscheint Materie nur deshalb undurchdringlich, weil sich die Teilchen langsamer bewegen. Sensitiven Menschen ist es möglich, auch Energien von feinerer Schwingung wahrzunehmen, entweder sie sehen, hören, fühlen oder wissen (die vier Kanäle der Wahrnehmung) um die Energie. Alles ist Energie, wirklich alles! Je schneller sich etwas bewegt, desto höher ist seine Schwingung, und desto schwieriger ist es auch, seine Energie zu sehen bzw. wahrzunehmen.

Wir alle sind Teil des einen Bewusstseins, du kannst es Gott, Göttin, Urkraft, universelle Energie, universelles Bewusstsein oder auch anders nennen, es ist immer dasselbe gemeint. Auch die Engel sind Teil dieses einen »Urstoffes«. Engel sind nicht außerhalb von uns oder von uns getrennt, sondern »erweiterte Teile von uns selbst«. Menschen, die viele Engel um sich haben, haben sich einfach für mehr und höher schwingende Teile von sich selbst geöffnet. Ja, es funktioniert ganz einfach, indem wir uns dafür öffnen. Die Engel sind bereits da, sie brauchen nicht erst erschaffen zu werden, sondern stehen uns jederzeit zur Verfügung, wenn wir es wollen und darum bitten. Gerne bezeichne ich die Engel auch als eine zusätzliche Stromquelle, denn sie wirken auf mich, als hätte ich eine starke Energiequelle angezapft, die mir in allen Lebenslagen zusätzliche Energie zur Verfügung stellen kann.

So helfen uns Engel immer und überall. Als Teil der Urkraft sind sie auf Liebe, Harmonie, göttliche Ordnung und Wachstum ausgerichtet, so, wie die universelle Energie selbst auch. Die Urkraft dehnt sich aus und entwickelt sich weiter – durch uns. Wenn wir also Engel an unsere Seite bitten, geben wir automatisch zu verstehen: »Ich möchte mehr Liebe, Harmonie, göttliche Ordnung und Erweiterung in meinem Leben«. Das Leben wird leichter, schöner, harmonischer und friedlicher, wenn wir uns für die höheren Schwingungsebenen öffnen.

Unter den Engeln gibt es so etwas Ähnliches wie eine Hierarchie, aber nicht in dem Sinne, dass die einen Engel besser oder wichtiger wären als die anderen, sondern nur, dass sie unterschiedlich hoch und fein schwingen. Schutzengel und themenbezogene Engel (Engel der Fülle, Hausbauengel, Sportengel, Engel der Freude etc., zu jedem erdenklichen Thema gibt es die passenden Engel) sind – relativ gesehen – am dichtesten. Sie sind näher am Irdischen als die Kollegen aus den anderen Abteilungen. Erzengel bilden die nächste Stufe. Ihr Einfluss ist weitreichender, und sie decken alle menschlichen Themen ab. Die Elohim nun sind eine Abteilung höher als die Erzengel, das heißt, ihre Schwingung ist höher und schneller, ihre Wirkung direkter. Je höher die Schwingung in einem Feld ist, desto schneller werden die Auswirkungen der Gedanken sichtbar. In den letzten Jahren hat sich die Schwingung der gesamten Erde beachtlich erhöht, deshalb erleben wir die Konsequenzen unserer Gedanken umgehend. Kennst du das: Kaum denkst du an etwas, schon erscheint es?

Die Schwingungserhöhung der Erde ist auch dafür verantwortlich, dass wir jetzt die Energien der Elohim leichter und deutlicher wahrnehmen können. Sie können buchstäblich besser zur Erde durchdringen, weil diese nicht mehr so »dicht« ist, sondern vielmehr ihre Frequenz beständig erhöht. Das heißt, uns steht höher-frequente Hilfe zur Verfügung, die wir leicht nutzen können. Dadurch entwickeln wir uns noch schneller als früher, und alles beschleunigt sich. Unsere Gedanken werden umgehend sichtbar und erlebbar, was wiederum eine direkte Bewusstseinserweiterung zur Folge hat. Wenn wir die Zusammenhänge klarer erkennen, sind wir schneller in der Lage, Korrekturen vorzunehmen.

Welche Aufgabe haben die Elohim?

Die Elohim helfen dabei, das neue Zeitalter zu etablieren. Im neuen Zeitalter geht es um Zusammenarbeit, Frieden, Entwicklung des vollen Potenzials, Kooperation und Handeln zum höchsten Wohl des großen Ganzen. Ein Teil des Kollektivs ist bereit, die nächste Stufe der Evolution zu erklimmen. Wettstreitdenken, Konkurrenz, Mangel, Hass und Krieg werden dann der Vergangenheit angehören. Wenn eine genügend große Anzahl an Menschen erkennt, dass sie wirklich selbst die Schöpfer ihrer eigenen Erfahrungen sind, dann gibt es nichts mehr im Außen zu bekämpfen oder zu bekriegen. Je bewusster die Menschen werden, desto schneller geht die Entwicklung voran.

Um das neue Zeitalter zu etablieren, bewirken die Elohim eine starke Bewusstseinserweiterung bei allen, die sich mit ihrer Energie beschäftigen und sich dafür öffnen. Je bewusster wir leben, desto klarer erkennen wir unsere eigene Verantwortung und können aufhören, außerhalb von uns selbst Schuldige zu suchen.

Heute haben wir Zugang zu dem Wissen (Bücher, Kurse, Internet etc.), wie das Erschaffen der Materie funktioniert, wir kennen die spirituellen Gesetze und wissen sogar mithilfe der Quantenphysik um deren wissenschaftliche Grundlage. Die Menschheit ist dabei aufzuwachen, genau jetzt ist die Zeit dafür, unser Wissen in Taten umzusetzen, das Wissen zu leben. Intellektuelles Verständnis ist die eine Sache, inneres Wissen, an dem das Herz beteiligt ist, noch einmal eine ganz andere Sache, und es dann anzuwenden, zeugt von echtem und wahrem Wissen!

Die Elohim erweitern also unser Bewusstsein dahin gehend, dass wir das theoretische Wissen in direktem Zusammenhang mit uns selbst sehen können. Sie beschleunigen die Energie, wodurch uns alles viel schneller klar wird. Noch einmal: Weder Engel- noch Elohim-Energien sind etwas, was außerhalb von uns existiert, etwas, was eingreift oder uns lenkt. Sie sind vielmehr eine Erweiterung von uns selbst, die wir dann wahrnehmen, wenn unser Bewusstsein sich entsprechend dafür geöffnet hat.

Das heißt, dass wir im Endeffekt einfach näher an unsere eigene Quelle kommen, wenn wir Zugang zu den Elohim bekommen, da sie, von ihrer Schwingung her, der reinen Urkraft näher, ähnlicher sind. Da wir näher an der Quelle sind, geschieht alles schneller und direkter. Es ist so, als wenn ich mich im Hotel bei einem Zimmermädchen über etwas beschweren würde. Wenn ich stattdessen gleich mit dem Manager sprechen würde, der in der Hierarchie direkt unter dem Hotelbesitzer steht, dann würde ich schneller und direkter Ergebnisse erzielen.

Petra Schneider vergleicht in ihrem Buch »Die Elohim«* eben diese mit Architekten, die den Schöpfungsimpuls aufnehmen und Strukturen und Energiefelder schaffen, damit sich der Schöpfungsimpuls verwirklichen kann. Das ist ein sehr schöner Vergleich. Wichtig ist nun zu verstehen, dass wir selbst die Architekten sind. Bislang sind wir vielleicht mehr oder weniger fassungslos mit unseren eigenen Schöpfungen konfrontiert gewesen, und mehr und mehr erkennen wir jetzt das Ausmaß unserer eigenen Verantwortung! Wenn ich bislang immer wieder gedacht habe: »Was soll denn das jetzt? Warum passiert gerade mir das jetzt?«, so werden diese Fragen unter dem Einfluss der Elohim immer unwichtiger, da ich mehr und mehr wirklich erkenne und verstehe, wie die Schöpfung funktioniert.
Nachdem wir also durch den Kontakt mit den Elohim mit unserer eigenen Chefetage in Berührung kommen, klären und lösen sich Probleme viel schneller. Die göttliche Ordnung stellt sich mehr und mehr ein, das ergibt sich automatisch aus der Bewusstseinserweiterung. Da wir umgehend und direkt verstehen, was unser Denken und Handeln bewirkt, können wir den Kurs kurzerhand korrigieren, denn nun spüren wir ja die Auswirkungen sofort. Harmonisierung und eine Ausrichtung auf die höhere Wahrheit geschehen.

---

* Schneider, Petra: Die Elohim. Kraftvolle Engel für die Zeiten des Wandels. Windpferd Verlag, 1. Auflage 2009, S. 26

Man kann die Elohim in jeder Hinsicht als Verstärker bezeichnen. Sie verstärken Positives wie Negatives, weil die Energie an der Quelle konzentrierter ist und direkter wirkt. In der Regel erlangen wir auch nicht Zugang zu unserer Chefetage, bevor wir nicht bereit bzw. reif genug dafür sind. Eine Entscheidung in der Chefetage hat selbstverständlich andere Auswirkungen, als wenn die Putzfrau etwas bestimmt, da das Wirkungsspektrum und der Einfluss der Reinigungskraft viel kleiner sind.

Im Kontakt mit den Elohim werden auch Blockaden und innere Hindernisse so deutlich, damit sie endlich aufgelöst werden können. Nicht immer ist es nur angenehm, in die Chefetage gerufen zu werden, denn manchmal wird eine gravierende Veränderung von uns verlangt – entweder in Bezug auf die Sicht- oder auf die Handlungsweise. Wir erkennen wie unter einem Vergrößerungsglas, was unser Verhalten bewirkt, und wir spüren die Folgen viel stärker am eigenen Leib als früher.

Ich persönlich habe in den ersten Monaten mit den Elohim eine wahre Hochphase erlebt. Alles lief wie geschmiert, und ich hatte das Gefühl: »Genau so sollte es eigentlich immer sein, das ist meine wahre Natur!« Ein Teil von mir erinnerte sich an die Lichtgeschwindigkeit und die Einfachheit, wie alles funktionierte, wenn man im Einklang mit sich selbst und dem Fluss des Lebens/der Energie war. Nach vier Monaten begann dann eine

Phase voller Herausforderungen: Kristallklar wurden mir meine Themen, die noch nicht erlöst waren, nacheinander auf dem Silbertablett präsentiert. Kaum hatte ich ein »Problem« vom Tisch, stürzte das nächste zur Tür herein. Zack, zack, zack ging es in vier Monaten in munterem Tempo durch mein komplettes Leben (Partnerschaft, Gesundheit, Selbstbewusstsein, Grenzen setzen, Mut etc.), und in Lichtgeschwindigkeit durfte ich Transformation und Erlösung erleben. Nach den vier Monaten erlebte ich einen weiteren fantastischen Durchbruch zu meinem wahren Wesen: Ich war noch mehr bei mir selbst angekommen und bereit, mich noch klarer zu zeigen und auszudrücken. In diese Phase fiel dann die Fertigstellung meines ersten Buchmanuskriptes (»Der himmlische Code zur Lebens~Erfüllung. Darum sind wir hier«).

Es ist wunderbar und wünschenswert, wenn nach der Öffnung für die Elohim-Energien unsere unerlösten Themen offensichtlich werden, denn mit der Kraft und der hohen Frequenz, die uns jetzt zur Verfügung stehen, lassen sich alle Probleme leicht lösen und alle Hürden überwinden.

Unter dem Einfluss der Elohim werden wir garantiert mehr zu dem, was wir wirklich sind. Unser wahres Wesen, unsere Bestimmung kommen zum Vorschein, und zudem erhalten wir auch die Kraft und den Mut, unser wahres Sein zu leben!

Das ist wichtig zu wissen

Wenn wir uns für die Elohim öffnen, können uns zwei Hindernisse den Weg erschweren: die Kontrolle nicht loslassen können und in unerlösten Themen stecken bleiben.

Die Kontrolle abgeben

Das war gleich die erste Lektion, die sie mich lehrten: Versuche nie, mit deinem Handeln das WIE unter Kontrolle zu behalten. Was meine ich damit? Als ich vom Kongress nach Hause zurückgekehrt war, wusste ich, dass es wichtig sein würde, die verschiedenen Strahlen der Elohim kennenzulernen. Mein Plan sah so aus: Je eine Woche wollte ich jedem Strahl widmen und so tiefen Zugang zur jeweiligen Energie bekommen. Das hört sich nach einem wunderbaren Plan an, nicht wahr? Ich wusste jedoch nicht, dass es gar nicht sinnvoll war, so lange am Stück mit einer Elohim-Energie zu arbeiten, da die Energien sehr intensiv und hoch schwingend sind. Meine Erfahrung war, dass die Elohim mit mir für etwa einen Tag arbeiteten und dann ohne mein Zutun ein anderer Elohim-Strahl zu wirken begann. Das Prinzip bei der Arbeit mit den Elohim und anderen Engeln bleibt immer das Gleiche: Es ist nicht nötig, dass wir das WIE bestimmen, denn die Architekten wissen schon ganz genau, wie das Haus gebaut werden muss. Wir geben unsere Visionen und Wünsche genau an, jedoch die exakte Ausführung dürfen wir der universellen Energie überlassen.

Ein weiteres Beispiel: Meine Klientin Nadine hatte endlich die Arbeitsstelle gekündigt, wo sie sich schon seit Jahren nicht mehr wohlgefühlt hatte. Nun wollte sie natürlich eine bessere Stelle finden. Sie wusste auch schon ganz genau, welche drei Firmen infrage kamen. Nach allen Regeln der Kunst bewarb sie sich bei allen drei Firmen, meditierte und affirmierte, was das Zeug hielt. Nach drei Wochen kam die erste Absage. Nun hatte ihr Vertrauen einen Knacks bekommen. Täglich zog sie Engelkarten, und die Botschaften widersprachen sich immer mehr. Je länger sie auf die restlichen Rückmeldungen warten musste, desto konfuser und unsicherer fühlte sie sich. Nach der zweiten Absage sank ihr Selbstvertrauen in den Keller. Hatte sie überhaupt die richtige Entscheidung gefällt? So schlimm war ihr Job nun auch wieder nicht gewesen … Eines Tages traf sie in der Stadt beim Einkaufen ihre alte Freundin Susanne, die sie jahrelang nicht gesehen hatte. Sie tauschten sich rege aus, und nebenbei kamen sie auf die Arbeit zu sprechen. Wie es der Zufall so wollte, war in Susannes Firma gerade eine Stelle frei geworden. Ab da lief alles perfekt für Nadine. Auf ihre Bewerbung hin wurde sie sofort genommen, und es stellte sich heraus, dass sie viel besser in diese als in eine der anderen Firmen passte. Nadine hatte sich zu sehr auf ihre drei Wunschfirmen versteift, anstatt dem Universum einfach mitzuteilen: »Ich möchte in einer wunderbaren Firma arbeite, mit tollen Kollegen, einem guten Gehalt von 3200 Euro, in einem Umkreis von bis zu 50 Kilometern, wo ich gefordert und gefördert werde. Meine Arbeitsstelle soll auch Dienstreisen beinhalten …« Eben all das, was ihr wichtig war. Das WO, WIE, WER können wir getrost dem Himmel überlassen. Nadine hätte sich viel Ärger und Nervenzerren ersparen können, wenn sie sich einfach auf das Endergebnis, nämlich die neue Arbeitsstelle, konzentriert hätte – ohne genau vorgeben zu wollen, wo diese sein sollte und auf welchem Weg sie zu ihr finden würde. Die Kontrolle loslassen heißt, nicht alles schon vorher ausrechnen, durchdenken und wissen zu müssen, sondern dem Universum viel Platz und Spielraum bei der Beantwortung unserer Gebete und der Erfüllung unsere Wünsche zu lassen.

Gerade mit den Elohim passiert alles viel schneller. Zufälle und Fügungen häufen sich, vor allem wenn wir keine festen Vorstellungen oder starren Denkschemen haben. Oft lässt unser Kontrollzwang uns nämlich im Kreis drehen.

Wenn du merkst, dass du nicht loslassen kannst, dir den Kopf zerbrichst, alle Möglichkeiten zum hundertsten Mal durchkaust, du gar nicht mehr weißt, was du überhaupt tun sollst, dann ist es Zeit loszulassen:

◊ Mache dir klar, dass du jetzt bewusst die Kontrolle an die geistige Welt abgibst.
◊ Fokussiere dich wieder nur auf das Endziel.
◊ Tue etwas, was dir Spaß macht und dich entspannt (Kinobesuch, Sauna, Wellness-Wochenende, Besuch bei Freunden, für drei Tage ins Kloster gehen, Sport, Theater, DVD-Abend etc.)
◊ Mache Atemübungen.
◊ Vertraue darauf, dass sich ALLES zum Besten richtet.
◊ Schreibe in dein Tagebuch, was sich in der Vergangenheit schon alles OHNE dein Zutun von selbst geregelt hat.
◊ Meditiere.
◊ Gehe nach draußen in die Natur.
◊ Probiere etwas Neues aus, überschreite die Grenzen deines Gewohnten.
◊ Höre Musik, die dir gefällt und dich glücklich stimmt.
◊ Tue dir Gutes, verwöhne dich, und sei liebevoll zu dir und anderen.
◊ Sprich: »Ich wünsche mir ein … (Setze deinen Wunsch ein, der ganz konkret sein kann, z. B. ein eigenes Haus, ein neues Auto etc.) Dein Wille geschehe!«

Folge dann, nachdem du die Kontrolle abgegeben hast, nur noch den Impulsen und Eingebungen, die du hast! So leiten dich die Elohim dann schnell zu Erfolg und Erfüllung.

Wie komme ich aus einem unerlösten Thema?

Wie wir oben bereits gesehen haben, werden mit den Elohim Themen sichtbar, die uns noch blockieren und am Weiterkommen hindern. Allen Themen liegen Glaubenssätze und Überzeugungen zugrunde. Wenn es nicht mehr weitergeht und wir nur noch Widerstand erleben, wenn wir uns verlassen, ungerecht behandelt oder leer fühlen, verzweifelt, traurig oder völlig überfordert sind, dann sitzen wir sicher fest in etwas Altem.

Erster Schritt:
Erkenne den Glaubenssatz, die Überzeugung, in der du festsitzt, und übernimm die volle Verantwortung dafür. Es liegt eben nicht nur an den bösen Arbeitskollegen, wenn sie dich mobben und runtermachen. De facto tun sie das zwar, aber nur, weil du in dir eine Überzeugung trägst, die in etwa so lautet: »Ich darf beruflich nicht weiterkommen«, oder: »Andere wollen mir nur Schlechtes«, oder: »Es gibt so viele Neider«, oder: »Ich kann nichts tun, ich bin ihnen ausgeliefert«, oder: »Bestimmt steckt wieder Herr Baumer dahinter, er hetzt alle gegen mich auf«, oder: »Egal, was ich tue, ich werde nicht anerkannt und wertgeschätzt«.
Und es liegt auch nicht nur an deiner ekelhaften Schwiegermutter, wenn sie dich ignoriert und so verletzt, denn du bietest ihr eine Zielscheibe, indem du die Überzeugung in dir trägst: »Die anderen erkennen meinen Wert nicht an«, oder: »Ich bin nicht liebenswert«, oder: »Ich

mache alles falsch«, oder: »Ich bin ein Opfer der Umstände« oder Ähnliches.
Ebenso wenig ist es nur die Schuld deines Partners, wenn er dich anlügt, sondern du trägst in dir den Glaubenssatz: »Männern kann man nicht trauen«, oder: »Männer lügen sowieso«, oder: »Ich werde von Männern immer wieder betrogen« etc. Natürlich trägt jeder Mensch für sein Verhalten die volle Verantwortung, aber ich muss mir bewusst sein, dass mein Glaubensmuster den anderen gemäß meinen Überzeugungen agieren lässt.

Meine Überzeugungen bilden die Brille, durch die ich die ganze Welt betrachte. Mein Fokus und meine Interpretation bestimmen, was ich wahrnehme!

Zweiter Schritt:
Fühle alle Emotionen, die zu diesem Glaubenssatz gehören, und lasse sie zu. Ansonsten bewirken sie Blockaden im Energiefeld, in deiner Aura, in deiner Seele. Gefühle sind Teile unserer Seele; wenn wir sie unterdrücken, dann ist es so, als würden wir Teile unserer Seele absterben lassen. Viele unterdrücken die Gefühle, weil sie Angst haben, die Emotionen könnten sie überrollen und wären nicht mehr zu kontrollieren. Diese Angst ist jedoch unbegründet, denn wenn wir Gefühle wirklich zulassen, dann verlieren sie von selbst ihre Energie – sie lösen sich auf. Glaube mir, wenn du den Gefühlen freien Lauf lässt,

dann fließen sie ab, und du wirst frei. Natürlich helfen dir auch die Elohim in wunderbarer Weise dabei!

Dritter Schritt:
Definiere dich neu. Ja, du hast es selbst in der Hand! Du brauchst nicht darauf zu warten, wie deine Schwiegermutter oder deine Kollegen auf dich reagieren. Warte nicht darauf, vom Außen gespiegelt zu bekommen, dass du liebenswert, wunderbar, wichtig, wertvoll, fleißig und toll bist, wenn du in dir noch gar nicht diese Überzeugung gefestigt hast und die entsprechende Energie noch nicht ausstrahlst.

Bedenke, dass du dich selbst über deine Glaubenssätze, über die Brille, durch die du die Welt betrachtest, definierst. Du selbst bestimmst jetzt bewusst darüber, wer du sein möchtest. Du entscheidest jetzt, dass du keine Lust mehr auf die alten Muster und Erfahrungen hast. Beschließe, einfach damit Schluss zu machen! Ich garantiere dir, dass sich ALLES unter dem Einfluss und mithilfe der Elohim in Lichtgeschwindigkeit lösen lässt, wenn du wirklich bereit bist!

Wie arbeite ich mit den Elohim?

Bevor wir zu den einzelnen Elohim kommen, zunächst noch eine kurze Zusammenfassung, wie es uns am besten gelingt, mit den Elohim zusammenzuarbeiten.

Grundsätzlich ist es sehr einfach, denn wie gesagt: Alle Engel, auch die Elohim, sind Teile von uns selbst. Es ist nur wichtig, diese Tatsache anzuerkennen und sich vertrauensvoll für die eigenen höheren Anteile zu öffnen. Aus welchem Grund sollte es schwierig sein, mit uns selbst in Kontakt zu treten? Manche Menschen vertrauen darauf, dass andere (Medien und Channels) besser als sie selbst mit den Engeln kommunizieren könnten. Tatsache ist, dass es grundsätzlich unser Anliegen sein muss, uns selbst zu verstehen und mit unseren Teilen (Engeln) in Kontakt zu treten – und zwar tagtäglich und so selbstverständlich wie möglich.

Unter den vielen Möglichkeiten der Kontaktaufnahme kannst du dir die aussuchen, die dich am meisten ansprechen.

- ◊ Sprich in Gedanken mit den Elohim, und zwar so, wie du mit einer vertrauten Person reden würdest. Du kannst zum einen alles erzählen und zum anderen auch um alles bitten. Bitte ganz konkret um Hilfe.
- ◊ Schreibe einen Brief oder in ein Büchlein, was deine Wünsche, Bitten, Anliegen etc. sind.
- ◊ Visualisiere die Farben der jeweiligen Elohim, und lade sie ein, dich zu durchfluten, in deine Energiefelder einzutreten oder durch dich zu wirken.
- ◊ Sprich laut mit den Elohim.
- ◊ Bitte die Elohim vor dem Einschlafen, sie mögen dich nachts besuchen und dir in deinen Träumen Botschaften übermitteln.
- ◊ Stelle dir vor, du verbindest dich mit den jeweiligen Elohim – entweder über den Atem oder über das Scheitelchakra.
- ◊ Du kannst dir weiße Zettel nehmen und »Elohim« (allgemein) bzw. die jeweilige Farbe aufschreiben. Dann stellst du dich darauf und fühlst die Energie und damit die Verbindung.
- ◊ Du kannst über deine vier Wahrnehmungskanäle (Hellsehen, -fühlen, -hören, -wissen) Kontakt zu den Elohim aufnehmen.
- ◊ Bitte um Antworten auf Fragen, die dich aktuell beschäftigen.
- ◊ Nimm einen Stift und einen Zettel zur Hand. Schließe die Augen, und schreibe die Botschaft auf, die du von den Elohim empfängst.

Egal, welche Technik du benutzt, wichtig ist nur, dass du oft und regelmäßig mit den Elohim in Kontakt trittst. Sobald es für dich zur Selbstverständlichkeit wird, die Elohim in dein tagtägliches Leben einzubeziehen, erschaffst du eine »Standleitung« und bleibst angeschlossen.

Ich begann also, mit den verschiedenen Elohim zu arbeiten, mich mit ihnen zu verbinden, über sie zu meditieren und Meditationsabende zu den einzelnen Farbstrahlen anzubieten. Im Nachhinein war ich immer wieder darüber erstaunt, wie perfekt die Reihenfolge abgestimmt war. So wechselten sich die Themen auf ideale Art und Weise ab, und eines kam zum anderen. Wenn im Lauf des Buches von einem Meditationsabend die Rede ist, so ist stets das jeweilige Seminar gemeint, das ich zu den einzelnen Elohim abgehalten habe.
Die Elohim sind den Farbstrahlen zugeordnet, die wiederum Teile der Schöpfungsstrahlen sind. Über die Schöpfungsstrahlen wird der Materie Form gegeben. Im weiteren Verlauf spreche ich immer von den Elohim, möchte aber nochmals darauf hinweisen, dass die Elohim Aspekte von uns selbst sind, auch wenn es sich manchmal so anhört bzw. liest, als wären sie außerhalb von uns.

Die Elohim des *gelben Strahls*

Themen
Lebensfreude, sonniges Gemüt, Leichtigkeit, Genuss, Kontrolle loslassen, positiver Denkautopilot, einfach glücklich sein

Unter dem Einfluss der gelben Elohim löst sich die Schwere auf, die auf dem Gemüt lastet. Dunkle Gedanken, Ängste, Hoffnungslosigkeit und Unsicherheiten werden von der gelben Sonne weggeschmolzen, und Lebensfreude, Leichtigkeit und das Lachen kehren zurück. Es wird sichtbar, womit wir uns das Leben schwer machen und was auf unseren Schultern lastet.

Ich erlebe große Gelassenheit, wenn ich mich in diese Energie einklinke, und wie selbstverständlich gelingt es mir, die Kontrolle loszulassen. Gerade im Winter erleben wir die Energie der gelben Elohim so, als würden wir einen Kurzurlaub auf der Insel verbringen. In dem Moment, wo ich das schreibe, erhalte ich eine E-Mail einer bekannten Fluggesellschaft, und mir fällt die knallgelbe Farbe in ihrem Logo auf. Den Inseltrip brauche ich jedoch nicht zu buchen, da ich hier in meiner gelben Elohim-Sonne sitze.

Die Wirkung auf den Geist ist interessant: Es fühlt sich so an, als hätte der »reine Geist« die Führung meiner Gedanken übernommen, als hätte sich das Denken verselbstständigt – quasi wie ein positiver Denkautopilot. Mein Verstand braucht nicht mehr zu denken und zu analysieren, wie praktisch!

Klienten berichten mir immer wieder, dass sie mithilfe der gelben Elohim klarer aussprechen und formulieren konnten, was ihnen auf dem Herzen lag, und es kam bei dem jeweiligen Gegenüber durchweg positiv an.

Teilnehmer des Meditationsabends berichteten auch, dass sie angeregt wurden, Neues auszuprobieren und Veränderungen vorzunehmen.

Es verwundert nicht, dass auch Themen wie Schönheit ins Heim bringen, Feng-Shui oder Hausrenovierung in unsere Aufmerksamkeit rücken oder ein zufälliges Gespräch mit dem Vermieter stattfindet, sobald wir die gelben Elohim in unser Leben einladen. Sie haben einen Bezug zu Erzengel Jophiel, der diese Lebensfragen auch abdeckt und der des Weiteren für das Wissen und die Weisheit im Herzen steht.

Übung

Lasse dich von der Energie der gelben Elohim durchströmen – bis in alle Zellen, in alle Schichten deiner Aura. Körper, Geist und Seele sind davon durchdrungen. Genieße dieses wunderschöne Gefühl für eine Weile. Gehe dann in deiner Vorstellung durch die verschiedenen Lebensbereiche, und lege die Kontrollschalter um. Entscheide dich dafür, die Regie und Lenkung aus der Hand zu geben. Siehe, wie die Sonne in allen Sphären deines täglichen Lebens zu scheinen beginnt, und spüre die damit verbundene Freude und Leichtigkeit. Danke den gelben Elohim!

Die Elohim des *weißen Strahls*

Themen
Reinigung, Klärung, Neubeginn, Wahrheit/Täuschung, Rückzug, Auflösung von Machtthemen, Sterbebegleitung

Hier haben wir es mit dem ultimativen Reinigungs- und Klärungsteam des Universums zu tun! Zusammen mit Erzengel Michael sind sie unschlagbar darin, alles, was wir uns vorstellen können, energetisch zu reinigen und zu klären: Menschen, Tiere, Pflanzen, Orte, Räume, Häuser, Belastungen von Kriegsereignissen, Streit, Verbrechen, Hass etc. Der Tiefenwirkung sind keine Grenzen gesetzt! Schnell, kompetent und direkt können sie Blockaden, Störungen und Widerstände jeglicher Art auflösen, sowohl im Innen wie im Außen.

Dabei unterstützen sie auch die Entgiftung von Körper, Seele und Geist. Das heißt, sie sind die idealen Begleiter beim Abnehmen, Entgiften, Chakrenreinigen und Ausbalancieren aller Energiekörper.

Sie führen uns auch zu einem Neubeginn, und ihre Kraft wirkt zu Neumond besonders stark. Das können wir nutzen, indem wir ganz gezielt zu Neumond unsere neuen Projekte anpacken und die weißen Elohim hinzubitten.
Auch bei der Sterbebegleitung nehmen sie eine wichtige Rolle ein, indem sie den Übergang für den Sterbenden erleichtern und für die Hinterbliebenen den Abschiedsschmerz lindern.

Mir wurde von den weißen Elohim eindrücklich gezeigt, dass sie die wichtige Aufgabe innehaben, Täuschungen aufzuzeigen. Unter ihrem Einfluss wird die Wahrheit offengelegt. Irreführung, Betrug, List und Verschleierung werden aufgedeckt. Das ist nicht immer angenehm.
Mit den weißen Elohim erlangen wir Klarheit durch bewusste Erkenntnis: Wir verstehen die Hintergründe einer Sache oder erkennen unsere eigenen blinden Flecken leichter.

Sowohl ich selbst als auch meine Klienten können bestätigen, dass es leichter fällt, Situationen neutral zu beurteilen und Bewertungen zurückzunehmen. Auch Illusionen verschwinden und lösen sich im Licht der Wahrheit auf.

Übung

Lasse dich von der Energie der weißen Elohim durchströmen – bis in alle Zellen, in alle Schichten deiner Aura. Körper, Geist und Seele sind davon durchdrungen. Spüre, wie sie alles, bis in jede Zelle, reinigen, klären und reinwaschen. Nimm dann wahr, wie sie auch alle Orte, Plätze, dein Heim, deinen Arbeitsplatz, deinen Wohnort etc. reinigen und von dunklen Energien befreien. Spüre deutlich die Erleichterung und Befreiung, die sich in dir einstellt. Bitte die weißen Elohim nun, eine entscheidende Täuschung oder Illusion, die dich bislang blockiert hat, aufzudecken und aufzuheben. Feiere zum Abschluss den Neuanfang in deinem Leben. Danke den weißen Elohim!

Die Elohim des *blauen Strahls*

Themen
Ruhe, Frieden, Harmonie, göttliche Ordnung, Rechthaberei und Dogmatismus loslassen

Die blauen Elohim stellen überall und jederzeit die göttliche Ordnung her. Es ist ideal, nach den weißen Elohim mit den blauen zu arbeiten, da sie nach der Reinigung Harmonie und Frieden herstellen. Wir können sie in alle unsere Lebensbereiche hineinschicken, die sich nicht in geordneten Bahnen befinden, und die Wirkung ist absolut verblüffend. Denn es gelingt ihnen, das göttliche Gefüge ebenso still und leise wie auch umfassend wiederherzustellen.

Meine Klientin Dagmar durchlebte eine schwierige Zeit. Ihr gesamtes Leben war aus den Fugen geraten: Gerade war ihre langjährige Beziehung zerbrochen, ihr Kontostand war stark im Minus, und auf der Arbeit brodelte es schon länger. Sie fürchtete, den Boden unter den Füßen zu verlieren. In zwei intensiven Sitzungen arbeiteten wir zuerst mit den weißen Elohim. Der Klärungs- und Reinigungsbedarf war so groß, dass es einem gewaltigen Frühjahrsputz gleichkam, in dem wir uns mutig durch ihre Lebensaspekte »hindurchkämpften«. Das Erkennen der eigenen Anteile an der Misere war für Dagmar nicht immer einfach, aber sie war fest entschlossen, ihr Leben neu zu beginnen. Nach zwei weiteren Sitzungen mit den blauen Elohim konnte Dagmar Ordnung in ihre gesamte

Existenz bringen. Sie hatte Überzeugungen aufgelöst, die sie in der Vergangenheit stets zielsicher zu den falschen Männern geführt hatten. Ihre finanzielle Situation klärte sich völlig überraschend durch eine kleine Erbschaft und ein neues Finanzkonzept, das sie über einen Freund kennenlernte. Kurz darauf verließ ein Kollege die Firma, woraufhin wieder Ruhe und Frieden einkehrten. Sechs Wochen später rief sie mich an und erzählte aufgeregt, sie habe bereits ihren Traummann kennengelernt, obwohl sie eigentlich noch gar nicht auf der Suche gewesen war, sondern noch alles Alte verarbeiten wollte.

Ob wir auf dem rechten Seelenweg sind, das zeigen uns die blauen Elohim. Ich hatte einen Traum, in dem mich eine Katze auf einer langen Wanderung in den Bergen begleitete. Danach war sie total erschöpft zusammengesunken. Sie hatte sich wie ein Jagdhund verhalten, was aber nicht ihrer eigenen Natur entsprach. Der rechte Weg einer Katze ist eben ein anderer als der eines Jagdhundes. Auch für uns gibt es einen Seelenpfad, der mit unserer Natur und der göttlichen Ordnung übereinstimmt. Wenn wir ihn verlassen, bekommen wir Hinweise und Zeichen. Wir sind erschöpft, ausgelaugt oder ausgebrannt, weil wir etwas leben, was nicht stimmig für uns ist.
Ich war davon beeindruckt, wie durch die blauen Elohim das Thema Dogmatismus und Rechthaberei in mein Blickfeld gerückt wurde. So konnte ich erkennen, dass ich in meiner Ehe so manches Mal einfach recht behalten

wollte, anstatt aus der Liebe heraus zu handeln. Ich bin so dankbar, dass sich das schnell und umfassend gelöst hat, nachdem es mir bewusst geworden war. Während eines Meditationsabends mit den blauen Elohim kam es zwischen zwei Teilnehmern auch zu einer rechthaberischen Auseinandersetzung, was sonst nie bei den Engelabenden passiert. Interessanterweise hatte ich vergessen, das Thema recht haben/Dogmatismus zu erwähnen, und schon zeigte es sich in der Gruppe, machte auf sich aufmerksam.
Des Weiteren wurde mir gezeigt, dass die blauen Elohim gespeicherte Verletzungen im Herzen auflösen: Schmerz, Trauer und Groll. So wird auch im Herzzentrum die göttliche Ordnung wiederhergestellt.

Übung

Lasse dich von der Energie der blauen Elohim durchströmen – bis in alle Zellen, in alle Schichten deiner Aura. Körper, Geist und Seele sind davon durchdrungen. Genieße dieses wunderbare Gefühl für eine Weile. Nun lasse die Elohim die göttliche Ordnung herstellen: in deinem Körper, deiner Seele, deinem Geist, in deiner Familie, deiner Partnerschaft, deinem Gefühlsleben, in deinen Finanzen, deinem Beruf bzw. deiner Karriere, in dem Bereich Gesundheit und Fitness, in deinen Hobbys, Talenten und deiner spirituellen Entwicklung. Spüre die Ruhe, den Frieden, die Gelassenheit, die nun in dir einkehren, ganz intensiv. Stelle dir auch vor, dass die ganze Erde in die göttliche Ordnung kommt, alle Menschen, Tiere und die Natur.

Nun zeigt sich dein Seelenweg klar vor dir. Betrachte deinen Seelenpfad liebevoll, und erkenne, wo du vielleicht vom Weg abgewichen bist. Die blauen Elohim nehmen ganz einfach eine Kurskorrektur vor. Danke den blauen Elohim!

Die Elohim des *magenta Strahls*

Themen
Dunkelmagenta: Auflösung tief gespeicherter Gefühle, tiefe Enttäuschung, Heilung des Inneren Kindes und des Zellgedächtnisses, einem Glaubenssatz die Gefühlsladung nehmen
Hellmagenta: Zusammenarbeit, Kooperation, das neue Zeitalter

Wie wir bei den Themen erkennen können, gibt es von Magenta zwei Farbrichtungen: Hell- und Dunkelmagenta. Beginnen wir mit den Elohim des dunkelmagenta Strahls: Mit ihnen geht es wirklich in die Tiefe unseres Gefühlslebens. Alte, schon lange gespeicherte Emotionen aus der Vergangenheit finden mit den Elohim ihre Erlösung. Tiefe Enttäuschung, Schmerz, Missbrauch und Verletzungen werden kurz an die Oberfläche befördert, um sich dann in Liebe aufzulösen. Oft passiert es, dass wir ein Thema auf der bewussten Ebene schon aufgearbeitet haben, wir schon genau wissen, was wir in Zukunft anders machen werden, und die Hintergründe erkannt haben, und trotzdem zieht es uns fast wie magisch immer wieder in das alte Muster zurück. Das liegt daran, dass in unserem System noch die Gefühle gespeichert sind, die zu den alten Erlebnissen gehören. Das erzeugt eine Art Ladung, das Muster trägt also eine »Gefühlsladung«, die geradezu magnetisch wirkt und dem Muster seine Kraft und Potenz gibt. Fällt diese Ladung weg und haben wir unsere Lektion gelernt, so können wir leicht ein neues Muster etablieren!

Deutlich haben mir die dunkelmagenta Elohim gezeigt, dass es zur Heilung alter Verletzungen unabdingbar ist, den eigenen Anteil zu sehen. Immer und überall gilt das

Gesetz der Eigenverantwortung. Oft sind wir enttäuscht und verletzt, ohne zu sehen, was wir selbst dazu beigetragen haben. Wir schwelgen in Selbstmitleid oder bleiben in erlernter Hilflosigkeit stecken, wir fühlen uns benachteiligt vom Leben, vom Schicksal, von unseren Eltern oder vom Chef und klagen über die Ungerechtigkeit in der Welt. Dann öffnen uns die Elohim die Augen, und wir erkennen, was das alles mit uns selbst zu tun hat!

Die Tiefenwirkung der Elohim erstreckt sich bis ins Zellgedächtnis und heilt tiefe Wunden und seelische Verletzungen, die wir von unseren Ahnen übernommen haben. Mir wurde gezeigt, dass die dunkelmagenta Elohim gerade jetzt einen wichtigen Beitrag leisten, alles Alte aufzulösen, sodass sich die Energie der Menschen erhöht und sich so an das neue Zeitalter anpassen kann.

Klienten berichteten mir auch davon, dass sie mit den tiefmagentafarbenen Elohim Verletzungen heilten, die mit dem Ausdruck der eigenen Lebensfreude und Kreativität zu tun haben. Sie verspürten wieder Freude und Lebenslust, und ihre Kreativität war neu erweckt.

Die hellmagenta Elohim sind diejenigen, die die Menschen im neuen Zeitalter intensiv begleiten. Die Neue Zeit steht für Kooperation und Zusammenarbeit, es ist eine Zeit, in der jeder sein Potenzial lebt und es keinen Wettstreit und Mangel mehr gibt. Austausch und Zusammenarbeit werden im Vordergrund stehen, wobei jeder auch in seiner eigenen Kraft bleibt und die Gruppe viel mehr als die Summe der einzelnen Teile bewirkt. Unter dem Einfluss der magenta Elohim werden die offene Kommunikation und der freie Austausch gefördert. Vernetzung findet statt, wobei alles auf das Wohl des großen Ganzen ausgerichtet ist.

Übung

Lasse dich von der Energie der magenta Elohim durchströmen – bis in alle Zellen, in alle Schichten deiner Aura. Körper, Geist und Seele sind davon durchdrungen. Bitte nun um die Auflösung aller gespeicherten Verletzungen, aller Gefühle von Schmerz, Ungerechtigkeit, Demütigung und Verlust. Gib den Elohim dazu ausreichend Zeit, atme dabei tief ein und aus. Lasse alles in Frieden gehen. Die Gefühlsladung von Verhaltensmustern, die dir jetzt nicht mehr dienen, wird leicht und einfach entfernt.
Nun ist das emotionale Vermächtnis deiner Ahnen im Zellgedächtnis an der Reihe. Gestatte den tiefmagentafarbenen Elohim auch hier tief gehend zu heilen und zu lösen. Sie zeigen dir nun deinen eigenen Anteil, und bewusst übernimmst du die volle Selbstverantwortung für dein Leben.
Jetzt durchflutet dich die wunderbare und leichte Energie der hellmagenta Elohim. Sie vernetzt dich mit den Menschen, die jetzt wichtig für dich sind. Es sind auch noch Energien für die unbekannten Menschen dabei, denen du bald begegnen wirst. Danke den magenta Elohim!

Die Elohim des *grünen Strahls*

Themen
Loben, Preisen, Wertschätzung, Harmonie, Oase des Friedens, Heilung, Hingabe und Geduld

Mit den grünen Elohim halten Harmonie und Frieden Einzug in unser Leben. Die grünen Elohim als »energetisches Beruhigungsmittel« zu beschreiben, ist keineswegs übertrieben. Sie ersetzen locker alle synthetischen Glücklichmacher. Wenn ich in die Frequenz der grünen Elohim abtauche, dann erlebe ich es, wie in einer Oase des Friedens zu sein.

Die Themen Loben, Preisen, Wertschätzung und Segnen rücken dann in den Vordergrund. Es ist ein wunderbares, göttliches Gefühl, allem gegenüber Wertschätzung und Dankbarkeit zu empfinden.

Der tiefe Wunsch nach Demut, Hingabe und Dienen wird in uns von den grünen Elohim erweckt. Mit Hingabe und großer Geduld ist es uns möglich, an Projekten zu arbeiten, die dem Wohle aller dienen.

Stets aufs Neue beeindruckt mich das umfassende Vertrauen in alle Schöpfungsprozesse, das sich in mir ausbreitet, wenn ich mich mit den grünen Elohim verbinde. Das Wissen »Alles ist gut, so, wie es ist« ist dann fest im Herzen verankert.

Natürlich geht es bei den grünen Elohim auch sehr stark um das Thema Heilung in jeder Hinsicht und Form. Heilung für Mensch, Tier und Natur an Körper, Seele und Geist. Wir können sowohl für unsere eigene Heilung bitten als auch unsere Heilkraft verstärken, um anderen zu helfen. Wir können die grünen Elohim zu jedem Heilungsprozess hinzubitten, um die Kraft zu intensivieren. Sie helfen auch bei der Regeneration und beim Stressabbau ganz wunderbar.

Teilnehmer meines Elohim-Meditationsabends berichteten, dass sie mehr Zeit im trauten Kreis der Familie verbringen wollten und dass sie ganz auffällig den kleinen Dingen des Alltags viel mehr Freude als sonst abgewinnen konnten. Sie fühlten sich getragen und umsorgt.

Natürlich stärken die grünen Elohim unsere Verbindung zur Natur, zu den Pflanzen, das Geschick für das Gärtnern und die Liebe zu den Naturgeistern. Auch unsere eigene Natürlichkeit wird gestärkt.

Übung

Lasse dich von der Energie der grünen Elohim durchströmen – bis in alle Zellen, in alle Schichten deiner Aura. Körper, Geist und Seele sind davon durchdrungen. Genieße dieses wunderbare Gefühl für eine Weile. Spüre den Frieden und die Harmonie, die deine wahre Natur sind. Bitte nun um Heilung, wo du dir Heilung wünschst – Heilung für Körper, Seele und Geist, Heilung in allen Zellen, allen Organen. Gib den Elohim dafür ausreichend Zeit, und atme tief ein und aus.

Nun führen dich die grünen Elohim auf einer Reise durch Vergangenheit, Gegenwart und Zukunft, und sie bringen Harmonie, Heilung und Frieden in alle Lebensbereiche. Wir baden in der Oase des Friedens und genießen die Wertschätzung für unser wunderbares Leben! Danke den grünen Elohim!

Die Elohim des *violetten Strahls*

Themen
Erkenntnis, sich eigener Gedankenmuster und Überzeugungen bewusst werden, Transformation, Klarheit, Vergebung

Die violetten Elohim wirken stark auf der mentalen Ebene. Wie wir gesehen haben, lösen die magentafarbenen Elohim die Gefühlsladung eines Musters auf, die violetten nun packen direkt das Gedankenmuster an, das dahintersteht. Mit ihrer Hilfe werden uns die Überzeugungen zuerst einmal bewusst, und wir erkennen unsere Gedankenkonzepte. Da die Gedanken der Ursprung unserer Schöpfungen sind, wirken die violetten Elohim sozusagen direkt an der Wurzel. Die Strukturen hinter unseren Gedanken werden uns bewusst und so im Licht der Erkenntnis erlöst. Wahre Transformation geschieht nur, wenn die Ursache für das Leiden erkannt und verändert wird. Und die Ursache liegt in unseren Überzeugungen und Glaubenssätzen.

Die violetten Elohim helfen uns auch, einen Abstand zum Alten zu erlangen, quasi mehr in eine Beobachterrolle zu schlüpfen. Aus der neu gewonnenen Klarheit heraus beginnen wir, in unserem Leben aufzuräumen. Alles, was wir erlebt und durchlebt haben, soll dazu dienen, dass wir anderen helfen können. Wenn ich selbst ein Opfer von Missbrauch war und ihn in mir geheilt habe, werden sicher andere Menschen in mein Leben geführt, denen ich bei dem gleichen Thema Hilfestellung geben kann.

Das muss nicht nur in Form einer professionellen Beratung geschehen, sondern viele Gelegenheiten ergeben sich auch ganz wunderbar im Alltag.

Mit den violetten Elohim können auch blockierende Sätze, alte Gelübde, Verwünschungen oder Versprechen (an uns selbst oder an andere, z. B. »Nie wieder werde ich mich in eine derartige Situation begeben« oder ein Treueschwur oder ein Heiratsversprechen, das wir irgendwann einmal abgegeben haben und das jetzt aber gar keinen Sinn mehr macht) und Flüche transformiert werden. Dabei dringen die Elohim bis zum Kern der Problematik vor und erlösen uns ein für alle Mal.

Mithilfe der violetten Elohim erkennen wir, dass wir einen freien Willen haben, und wir realisieren, wie wir unsere Gedankenkraft so einsetzen können, dass sie unseren Zielen und Wünschen dient. Wir sprengen unsere Fesseln und werden frei, unser Potenzial zu leben.

Vergebung und Transformation geschehen ganz einfach mit den violetten Elohim. Selbstvergebung und das Loslassen von Schuldgefühlen sind essenziell für unsere Gesundheit und unser Wohlbefinden, denn Schuldgefühle wirken absolut toxisch in unserem System.

Übung

Lasse dich von der Energie der violetten Elohim durchströmen – bis in alle Zellen, in alle Schichten deiner Aura. Körper, Geist und Seele sind davon durchdrungen. Die Energie fließt in alle Schichten deines Seins. Während dich die Energie der Elohim durchströmt, werden dir Überzeugungen und Glaubenssätze bewusst, die deine aktuellen Probleme verursachen. Bitte die Elohim, diese einfach aus deinem ganzen System zu entfernen, damit du sie auf ganzer Linie transformieren kannst. Auch Verwünschungen, Schwüre, Gelübde, Flüche und Versprechen kannst du so leicht loslassen. Fühle die Freiheit in deinem Geist und deinem ganzen Sein! Du bist frei und gestaltest dein Leben selbst! Danke den violetten Elohim!

Die Elohim des *türkisen Strahls*

Themen
Leichtigkeit, Freude, Spielen, Atlantis, Delfine, Neues ausprobieren, Telepathie, Kommunikation, Potenzial entdecken

Mit den türkisen Elohim wehte eine Prise Meeresluft in mein Büro, ich konnte Wellen und Delfine sehen und spürte die Kraft des Meeres. Wie wunderbar! Ich spürte Leichtigkeit, Verspieltheit, Unbefangenheit und Freude. Die türkisen Elohim bringen das Lachen, das Tanzen und die Fröhlichkeit eines verspielten Kindes, das die Welt entdeckt. Und dann stiegen Bilder und Erinnerungen an Atlantis in mein Bewusstsein. Zu Atlantis spürte ich schon seit meiner Kindheit eine enge Verbindung, aber mit den türkisen Elohim wurde Atlantis für mich lebendiger und greifbarer denn je. Es macht mir großen Spaß, in diese Energie einzutauchen! Über diesen Energiestrahl können wir auch Wissen und Fähigkeiten, die wir in Atlantis besessen haben, ins Hier und Jetzt holen.

Unter dem Einfluss der türkisen Elohim wird unsere geistige Kreativität stark angeregt. Es ist weniger so, dass wir malen, basteln oder handwerken, sondern mehr so, dass wir Inspirationen empfangen und neue Ideen entwickeln. Ebenso fördert die Energie der türkisen Elohim unsere Kommunikationsfähigkeit und unseren Selbstausdruck über das Sprechen und das Schreiben. Aber auch die Fähigkeiten bezogen auf die nonverbale, telepathische

Kommunikation nehmen signifikant zu. In Atlantis war Telepathie gang und gäbe. Auch heute in der neuen Energie verstärken sich die telepathische Kräfte sehr. Die neuen Kinder besitzen diese Fähigkeit von Haus aus, wenn sie nicht unterdrückt oder von den Erwachsenen als »schlecht« bezeichnet wird. Gruppenteilnehmer des Meditationsabends berichteten mir davon, dass sie in ihren Träumen Botschaften für ihre Freunde erhalten hatten oder in Träumen ihrer Freunde aufgetaucht waren. Auch ich selbst habe solche Erfahrungen bereits gemacht. Die Verbindungen werden gestärkt, und oft treffen wir auf Menschen, die wir schon von Atlantis kennen.

Die türkisen Elohim unterstützen uns dabei, verborgene Fähigkeiten und unentdecktes Potenzial freizusetzen und zu nutzen! Wir erlangen Klarheit über unsere Bestimmung und Lebensaufgabe und den Mut, diese auch zu leben. Das Erkennen der eigenen Natur und des wahren Wesens gelingt leicht und tief gehend. »Erkenne dich selbst« lautet die Botschaft dieser Elohim.

Eingefahrene Verhaltensweisen und starre Strukturen werden liebevoll aufgebrochen, denn die Elohim führen uns dazu, Neues auszuprobieren, unseren Horizont zu erweitern und die Komfortzone zu verlassen. Spielerisch und mit Neugierde können wir neue Erfahrungsbereiche erschließen und uns selbst neu definieren.

Übung

Lasse dich von der Energie der türkisen Elohim durchströmen – bis in alle Zellen, in alle Schichten deiner Aura. Körper, Geist und Seele sind davon durchdrungen. Tauche ein in türkisblaues, erfrischendes Meerwasser. Delfine kommen und springen vergnügt durchs Wasser. Ihre Freude, Leichtigkeit und Verspieltheit ist ansteckend. Auch du spürst diese Qualitäten nun in deinem ganzen Sein. Einer der Delfine nimmt dich nun auf seinen Rücken und bringt dich nach Atlantis. Dort angekommen triffst du deinen Seelenführer. Er zeigt dir drei Situationen, in denen du Potenzial und Fähigkeiten wieder in dein Energiefeld integrierst. Nimm dir so viel Zeit, wie du dafür brauchst. Bevor du die Insel wieder verlässt, werden deine Intuition, dein Drittes Auge und dein Hellwissen verstärkt. Glücklich und erfüllt verlässt du Atlantis. Ein Delfin bringt dich wieder zurück. Danke ihm aus vollem Herzen dafür. Er wird jetzt sicher öfter bei dir auftauchen, entweder in Meditationen oder in Träumen. Danke den türkisen Elohim!

Die Elohim des *rosa Strahls*

Themen
Selbstliebe, bedingungslose Liebe, Urgeborgenheit, Mitgefühl, Verzeihen, Aufgehobensein, Liebe annehmen, Heilung des Inneren Kindes

Das zentrale Thema der rosa Elohim ist die Liebe in allen Facetten. Liebe ist unsere wahre Natur, Liebe ist die zentrale Kraft des Universums. Warum sollte es schwierig sein, Liebe zu spüren, wenn sie unser wahrer Wesenskern ist? Oft verbieten sich Menschen, Liebe anzunehmen, weil sie alte Glaubenssätze in sich tragen, die besagen: »Du hast es nicht verdient« oder »Du bist nicht gut genug«. Solche Überzeugungen sind nichts als Lügen, die wir uns selbst erzählen und damit die Wahrheit verschleiern.

Wie durch das Vergrößerungsglas werden uns von den rosa Elohim alle Bereiche gezeigt, wo wir uns noch vor der Liebe verschließen, wo wir unser Herz eng machen und wo alte Verletzungen das Herz schwer und wund sein lassen. Trauer, Verluste, Trennungsschmerzen, Betrug und Missachtung finden Frieden und Erlösung mit der Energie der rosa Elohim. Nach der Herzheilung gelingt es uns endlich, Liebe anzunehmen. Vergebung und Verzeihen fallen dann endlich leicht, und es gelingt uns, die Vergangenheit endlich ruhen zu lassen. Warum alte Geschichten immer wieder aufwärmen, alte Gefühle immer wieder hochkochen lassen? Es wäre das Gleiche, wie wenn wir im Kino einen grässlichen Film angeschaut hätten und dann immer wieder hineingehen würden. Niemand würde das tun! In unserem Kopfkino aber erlauben wir es uns stets aufs Neue, den alten Schmerz aufzuwühlen. Natürlich kann es manchmal auch wichtig sein, Schmerz, der für lange Zeit unterdrückt wurde, überhaupt erst einmal zuzulassen, ihn zu fühlen. Gib dem verletzten Inneren Kind die Möglichkeit, seinen Schmerz auszudrücken, und fange es dann mit den schützenden Armen des Erwachsenen in dir auf. Heile die Wunden, indem du deinem Inneren Kind jetzt Sicherheit gibst: Das Schlimme ist längst vorbei. Jetzt ist es aufgehoben und sicher! Du würdest nicht mehr zulassen, dass das Kind verletzt oder missbraucht wird. Nun ist es Zeit, ein Ritual durchzuführen, bei dem ihm erklärt wird, dass das Schlimme nun endlich ruhen darf, dass es losgelassen und vergessen werden darf. Es bleiben nur die Lektionen, die wir durch die Erfahrungen gelernt haben.

Mit den rosa Elohim fühlen wir uns wieder aufgehoben im Leben und spüren, dass wir richtig sind im Leben. Wir kommen mit unserem Wesenskern und der Essenz der Schöpfung in Kontakt. Das bringt uns wieder in Einklang mit dem Leben. Daraus folgt ein starkes Urvertrauen, mit dem wir den kommenden Erfahrungen auf der Erde gelassen entgegensehen können. Die Urgeborgenheit, das Wissen, dass das Leben stets liebevoll und alles ein Geschenk ist, diese Weisheit sinkt nun in die Tiefe unseres Herzens hinein.

Natürlich vermögen die rosa Elohim auch, Harmonie und Frieden in Familien zu bringen, wo vorher Streit und Zerwürfnis war. Die Zusammenarbeit in Gruppen aller Art wird gestärkt und unterstützt.
Unter dem Einfluss der rosa Elohim werden wir uns auch der Rollen bewusst, die wir spielen, die jedoch nicht auf Liebe basieren, sondern auf unbewussten Rollenvorbildern: »So muss eine liebevolle Ehefrau sein« oder »So muss sich ein guter Sohn verhalten« etc. Die Rollen können wir dann leicht ablegen und herausfinden, was uns wirklich entspricht. Welche Figur wollen wir tatsächlich im Spiel des Lebens repräsentieren?

Da die göttliche Liebe bedingungslos ist, darf nun die Liebe auch dort fließen, wo sie nicht erwidert oder abgeblockt wird. Lieben ist etwas Aktives, es ist eine Handlung, die ich vollziehe, unabhängig von der Reaktion. Es ist meine eigene Entscheidung, in Liebe zu handeln, egal, was im Außen passiert.

Übung

Lasse dich von der Energie der rosa Elohim durchströmen – bis in alle Zellen, in alle Schichten deiner Aura. Körper, Geist und Seele sind davon durchdrungen. Öffne dich noch weiter für die Liebe, den Frieden und das tiefe Im-Einklang-Sein mit deiner Essenz. Mit jedem Atemzug verstärken sich Liebe und Frieden. Bedingungslose Liebe und Mitgefühl durchfluten dein ganzes Sein. Nun wird besonders dein Herzbereich geheilt. Alte Verletzungen und Schmerzen können leicht losgelassen werden. Wenn du es erlaubst, entfernen die rosa Elohim nun auch den Schutzpanzer oder einen Teil davon, der dein Herz zum Schutz umgeben hat. Du badest in Licht, Liebe, Geborgenheit und fühlst dich vollkommen aufgehoben und im Einklang. Nun zeigen dir die Elohim Menschen, mit denen du noch eine Rechnung offen hast. Entscheide dich jetzt bewusst für Vergebung und Verzeihen. Dadurch werden alle Beteiligten frei, auch du wirst endlich frei von deiner Vergangenheit. Zum Abschluss stärken die Elohim noch die rosa Bänder der Liebe, die dich mit deiner Familie, deinen Freunden und anderen Lebewesen verbinden. Danke den rosa Elohim!

Die Elohim des *roten Strahls*

Themen
Kraft, Erdung, Umsetzen und Manifestieren von Ideen und Visionen, Vitalität, Energielöcher entdecken, Grenzen setzen, Selbstheilung des Körpers, Durchhaltevermögen

Kraftvoll und voller Vitalität kommen die roten Elohim in unser Leben »galoppiert«, um uns in jeder Hinsicht zu unterstützen. Unser Daseinszweck besteht darin, kraftvoll und mit Lebensfreude unsere Visionen in die Form zu bringen. Dazu brauchen wir Stärke, Ausdauer, Durchhaltevermögen, Stabilität und eine Kraft, die von innen kommt. Denn die Stürme des Lebens werden die Standhaftigkeit unserer Ideen und Wunschträume prüfen. Knicken wir gleich ein, wenn etwas nicht klappt? Oder sind wir entschlossen und akzeptieren kein Nein in Bezug auf unsere Lebensträume, egal, ob die Sonne scheint oder es gerade regnet? Oder haben wir nur Ideen im Kopf, aber weder ein Konzept noch einen Plan, geschweige denn Bereitschaft zum Handeln? Dann sind wir bei den roten Elohim an der richtigen Adresse, sie pushen uns liebevoll mit Nachdruck wie ein Coach, der kein »Heute nicht« duldet.

Teilnehmer haben mir von einer starken Wirkung der Energie der roten Elohim auf die Wirbelsäule und den Rücken berichtet. Die Elohim gaben mir dann die Botschaft, dass man sie in jede Form der Rückentherapie (Dorn-Breuss, Kraniosakral etc.) mit einbeziehen solle, dann würde die Wirkung mehrfach verstärkt. Auch Praktiken wie Yoga, Tai-Chi etc. profitieren von der Einbindung der roten Elohim, da diese sowohl die Effektivität der Übungen steigern als auch die Vitalität der Praktizierenden erhöhen.

Menschen, die leicht abheben oder nach Meditationen, Fantasiereisen oder Rückführungen Schwierigkeiten haben zurückzukommen, können sich mit den roten Elohim wunderbar erden. Das Einstimmen auf Mutter Erde fällt uns so viel leichter. Wir erinnern uns wieder, dass unser Dasein den Sinn hat, Schöpfungsimpulse wirklich umzusetzen, und dass Gaia uns dabei in jeder Hinsicht unterstützt und nährt. Mithilfe der roten Elohim finden wir auch mühelos Ruhe und Zentrierung in unserer Mitte.

Sie zeigen uns klar und deutlich, wo wir Energielöcher haben und Kraft verlieren. Das können ungesunde Beziehungen sein, Orte und Situationen, die uns nicht mehr dienen, alte Verhaltensmuster und vor allem auch Muster, wie wir unseren Körper behandeln und ernähren. Wundere dich nicht, wenn du dich, nachdem du die roten Elohim um Hilfe gebeten hast, wie in Trance im Fitnessstudio anmeldest und dich hinterher fragst: »Was ist jetzt mit mir los?«, oder wenn du deine Ernährung radikal umstellst. Vertraue, dass diese Entscheidungen deinem Wohlbefinden und deiner Vitalität dienen! Die Elohim wissen genau, wie du deinen Körper besser versorgen und in Form bringen kannst.

Egal, wo und wie du Energie über solche Löcher bzw. Lecks verlierst, die roten Elohim werden dich darauf aufmerksam machen und dich natürlich auch dabei unterstützen, die Löcher gut zu verschließen.

Ebenso zielsicher zeigen sie uns, wo wir unsere Kraft noch verleugnen und uns nicht zu unserer wahren Größe aufrichten. Da wir jedoch alle wirklich großartig sind, genau so, wie wir sind, helfen uns die Elohim auch, diese Großartigkeit zu leben und »auszufüllen«.

Ich spüre sehr viel Leichtigkeit, wenn ich mit dieser Energie arbeite, aber Klienten haben mir auch von Schwere und Müdigkeit erzählt. Ich bekam die Botschaft, dass das damit zusammenhängt, wie viel Erdung wir benötigen bzw. was gerade in unserem System aufgelöst wird. Vertraue, dass alles zu deinem Besten geschieht.

Interessant ist, wie sie uns helfen, das Thema »Grenzen setzen« einfach und unspektakulär aufzulösen. Sowohl ich selbst als auch Klienten haben das in wunderbarer Weise erlebt: Da die eigene Präsenz und die Kraft so gestärkt werden, nehmen andere unsere Grenzen viel besser wahr, Kampf und Verteidigung werden unnötig. Wir selbst sind zentrierter und strahlen das auch aus. Unsere Autorität wird respektiert. Das hilft sowohl in Situationen mit Einzelpersonen als auch wenn wir Gruppen führen. Ein sehr schönes Gefühl!

Übung

Lasse dich von der Energie der roten Elohim durchströmen – bis in alle Zellen, in alle Schichten deiner Aura. Körper, Geist und Seele sind davon durchdrungen. Auf wunderbare Weise wirst du mit Kraft, Stärke, Vitalität und Energie aufgefüllt. Du spürst deutlich, wie du dich erdest und in Einklang mit Mutter Gaia kommst. Du kannst ihren Herzschlag wahrnehmen, er pulsiert nun liebevoll in dir. Die roten Elohim lösen in dir nun sanft alle Blockaden, wo du deine wahre Größe noch nicht einnimmst. Lasse es liebevoll geschehen. Du bemerkst, wie du ganz selbstverständlich und automatisch deinen Rücken und die Wirbelsäule aufrichtest. Jetzt werden dir Energielöcher gezeigt und wie du sie beseitigst. Die Elohim helfen dir dabei. Zum Abschluss siehst du, wie die Elohim Energie in deine Visionen leiten, sodass diese Visionen vor deinen Augen Wirklichkeit werden. Danke den roten Elohim!

Die Elohim des *goldenen Strahls*

Themen

Fülle und Reichtum, das männliche Prinzip, geschäftlicher Erfolg, weise Entscheidungen treffen, Selbstermächtigung, Charisma, Souveränität

Wie oben beschrieben waren die goldenen Elohim meine ersten »Partner«. Sie sind unglaublich schnell und bringen die Sonne und das Strahlen in unser Leben. Mit ihnen stärken wir unsere Selbstsicherheit, bekommen ein souveränes Auftreten und strahlen Vertrauenswürdigkeit inklusive Weitblick aus. Dadurch sind sie eine große Unterstützung im geschäftlichen Bereich, wo es uns dann leichtfällt, uns erfolgreich zu präsentieren und eine »reiche Ernte« einzubringen. Es spielt keine Rolle, in welchem Geschäft wir tätig sind oder ob wir ehrenamtlich für die Wohltätigkeitskasse sammeln gehen. Unser Charisma und unser Einfluss auf andere Menschen nimmt stark zu, sodass sich diese Energie besonders für Personen eignet, die Vorreiter für das Gute sind. Wir nehmen unseren Platz in Würde ein und würden eine Machtposition nie zum eigenen Vorteil nutzen. Stets ist das Wohl des großen Ganzen in unserem Fokus.

Die Energie der goldenen Elohim bringt uns sozusagen in die Startlöcher und hilft uns loszuspurten, wenn Aktion und Handeln gefragt sind. Zögern, Zaudern und Zweifeln gehören der Vergangenheit an, sobald diese präsente Energie liebevoll von uns Besitz ergriffen hat. Nun fehlt uns nicht länger der Antrieb, Projekte in Angriff zu nehmen. So helfen sie uns ebenso wie die roten Elohim, die Vision in die Form zu bringen. Die beiden ergänzen sich perfekt in dieser Hinsicht.

Da Fülle, Reichtum und Wohlstand unser Geburtsrecht sind, zögern die goldenen Elohim keinen Moment, uns mehr Geld, neue Gelegenheiten, neue Freunde oder Unterstützung anderer Art zukommen zu lassen. Wir sollen uns rundherum reich fühlen. Das ist unsere wahre Natur. Oft stehen uns alte Überzeugungen im Weg: »Ich habe es nicht verdient«, »Geld verdirbt den Charakter«, »Man muss hart arbeiten für Geld« oder Ähnliches. Dann erzeugen wir einen Widerstand, der den Wohlstand aus unserem Leben fernhält. Wir selbst sind leider die Ursache für den Mangel, den wir erleben. Tief gehend und liebevoll helfen uns die goldenen Elohim, diese hinderlichen Glaubenssätze zu erkennen und loszulassen.

Um im Leben wirklich erfolgreich und erfüllt zu sein, ist es nötig, selbst-ermächtigt zu sein. Das heißt, man muss die Opferrolle wirklich hinter sich lassen, auch wenn sie einem lange Zeit gedient hat. Sie hat uns oftmals eingelullt und vorgegaukelt, wir könnten ja eh nichts ändern und die anderen wären schuld. Wenn wir uns intensiv mit den goldenen Elohim auseinandersetzen, dann räumen sie mit diesem Irrtum gründlich auf. Wir lernen, wirklich über uns selbst zu herrschen, statt vom Außen abhängig zu sein. Die Freiheit empfängt uns mit offenen Armen!

Übung

Lasse dich von der Energie der goldenen Elohim durchströmen – bis in alle Zellen, in alle Schichten deiner Aura. Körper, Geist und Seele sind davon durchdrungen. Wundere dich nicht, falls es dir sehr warm werden sollte, denn oft löst diese Energie wahre Hitzeströme aus. Bade in der Energie so lange und intensiv, wie es sich für dich gut anfühlt. Du siehst, dass du vollständig mit goldener Energie aufgefüllt bist und dass sie über deine Hände in die Welt fließt. Der goldene Strahl fließt in alle deine Lebensbereiche hinein. Du selbst spürst deine Souveränität und liebevolle Macht, die du nun zum Wohl des großen Ganzen einsetzen wirst. Zum Abschluss überbringen dir die goldenen Elohim noch eine wichtige Botschaft. Danke den goldenen Elohim!

Die Elohim des *silbernen Strahls*

Themen
das weibliche Prinzip, offen sein, um zu empfangen, Zulassen, Gebären, Gnade, zentriert sein, Heilung der Weiblichkeit bis in die Ahnenlinie, Nähren, Kontrolle abgeben, Hingabe

Der Meditationsabend zu den silbernen Elohim war absolut beeindruckend. In den Tagen vor solch einer Veranstaltung spüre ich stets intensiv die Energie des jeweiligen Strahles, und die Themen zeigen sich im täglichen Leben. Schon tagelang hatte ich mich unglaublich stark gefühlt und dachte: »Hoppla, was soll denn das? Verwechsle ich da was? Das fühlt sich fast schon männlich an. Es geht doch um das weibliche Prinzip bei den silbernen Elohim?!« Am Tag des Kurses, als ich alles vorbereitete, kam mir blitzartig die Einsicht. Ich hatte in Petra Schneiders Buch »Die Elohim« gelesen, dass uns diese Elohim stark schützen und wie in eine Rüstung einhüllen. Ich dachte über das Wort »Rüstung« nach. All die Tage hatte ich mich sehr stark und präsent gefühlt, und jetzt erkannte ich, dass der Schutz und die Rüstung bedeuten, dass wir vollkommen in uns selbst zentriert sind. Zentriert sein heißt, sich nicht ablenken und aus der Bahn werfen zu lassen, egal, was einem das Leben bringt. Der Schutz besteht darin, nicht wie ein Fähnlein im Wind hin und her bewegt zu werden und fest dem Fluss des Lebens zu vertrauen! Dann erkannte ich auch die Verbindung zu Erzengel Haniel: Ihre Energie schimmert auch silbern/mondsteinfarben, sie kümmert sich um alle Themen der Weiblichkeit und hilft uns eben auch, zentriert zu bleiben (z. B. bei Lampenfieber).

Mithilfe der silbernen Elohim erlangen wir Zugang zur Seele, zu unseren Gefühlen und zur weiblichen Urkraft des Fließens und der Hingabe. Gefühle zuzulassen ist sehr wichtig für unser Wohlbefinden und unsere Gesundheit. Gefühle gehören zur Seele, während Gedanken zum Geist gehören. Wenn wir Gefühle unterdrücken, blockieren wir unsere Seele. Auf lange Sicht sind Krankheiten die Folge.

Wir können mithilfe dieser Elohim unsere Weiblichkeit besser entfalten und Wunden in diesem Bereich heilen, die oft sogar bis zu unseren Ahninnen zurückreichen. Im Zellgedächtnis ist alles gespeichert, nichts geht verloren. Das erklärt, warum wir manchmal ganz alte Dinge mit uns herumschleppen, Lasten oder Ängste tragen, die uns gar nicht gehören, und wir in überkommenen Mustern gefangen sind. So kann es zum Beispiel sein, dass ich meine Weiblichkeit verstecke, weil meine Großmutter im Krieg vergewaltigt wurde – ich muss noch nicht einmal davon wissen. Dieses Phänomen kennen wir sehr gut vom Familienstellen.

Unsere Intuition, der Empfang von unausgesprochenen Informationen und die Hellsicht werden von den silbernen Elohim verstärkt. Sie öffnen unsere Kanäle zu den himmlischen Gefilden. Es gelingt uns leicht, einen Blick hinter das Offensichtliche zu werfen und die Impulse der göttlichen Führung zu vernehmen.

Die silbernen Elohim bringen uns Gnade. Gnade bedeutet, dass Heilung einfach passieren darf, dass sich Lösungen bedingungslos und leicht ergeben und dass es einfach gut sein darf. Die Wunden heilen, Vergeben und Verzeihen geschehen, und Befreiung ist die Folge. Wir erleben Erleichterung und Erlösung. Die Themen sind wirklich gelöst und nicht nur im »Schlafmodus«.

Übung

Lasse dich von der Energie der silbernen Elohim durchströmen – bis in alle Zellen, in alle Schichten deiner Aura. Körper, Geist und Seele sind davon durchdrungen. Öffne dich, und mache dich weit. Spüre, wie du dich mit jedem Atemzug intensiver in dir selbst zentrierst. Du kommst ganz bei dir selbst an und spürst dich in jeder Faser deines Seins. Ganz fest verankern die Elohim dich in deiner eigenen Mitte, sodass du stets bei dir bleibst, auch wenn die Stürme des Lebens toben. Nun zeigen dir die Elohim, wo es Bereiche gibt, in denen du loslassen und die Kontrolle abgeben kannst, um leicht im Fluss des Lebens zu fließen. Wo geht es darum, einfach zuzulassen, statt alles überwachen zu wollen? Überall dort strömt nun die göttliche Gnade ein, und die Heilung geschieht. Zum Abschluss öffnen die Elohim noch die Kanäle deiner Intuition. Danke den silbernen Elohim!

Die Elohim des *kristallenen Strahls*

Themen
Verstärker, Leiter von sehr hoher Schwingung, Verbindung zum Hohen Selbst, Bewusstwerdung, Quantenphysik, die Fülle unendlicher Möglichkeiten

In der Reihenfolge meiner Meditationsabende hatte ich die kristallenen Elohim bei der Planung intuitiv an die letzte Stelle gesetzt. Später las ich in Petras Buch, dass man erst mit den anderen Elohim arbeiten solle, bevor man sich den kristallenen Elohim öffnet. Die Führung hatte also wieder perfekt funktioniert. Mir wurde auch klar, warum man erst mit den anderen Elohim arbeiten sollte: Die kristallenen Elohim verstärken wirklich alles intensiv! Alles Unerlöste drängt mit Intensität an die Oberfläche, da ist es sehr hilfreich, wenn die anderen Elohim den Weg schon ein Stück weit freigeschaufelt haben. Wobei mir eine Klientin erzählte, sie habe gleich mit den kristallenen Elohim begonnen. Bei ihr kam es dann für viele Monate auch »knüppeldick«. Aber sie sei ein Mensch, der »auf die harte Tour« am besten und schnellsten lerne, meinte sie. So sehen wir wieder, dass die Menschen unterschiedlich sind und jedem ein anderer Weg guttut.

Die kristallenen Elohim wirken im geistigen Bereich, sie bringen Klarheit und Bewusstheit und führen uns in die Geheimnisse der Heiligen Geometrie oder der Quantenphysik ein. Sie zeigen uns, dass alles aus dem Geistigen entsteht und wie wichtig deshalb eine gut formulierte Absicht ist. Es ist absolut entscheidend, mit welcher Absicht und welchem Fokus ich in eine Erfahrung hineingehe. Ein Irrtum ist zu glauben, die Ereignisse wären vorbestimmt. Weit gefehlt! Wenn ich in eine Besprechung mit meiner Chefin gehe, kann ich verschiedene Absichten haben: »Heute werde ich sie auf jedem Fall von meiner neuen Idee überzeugen« oder »Na ja, ich bin mal gespannt, wie sie auf meine neue Idee reagiert« oder »Wenn es sein soll, wird sich meine neue Idee durchsetzen« oder »Ich werde das vorbringen, was gerade vom Universum gebraucht wird« oder »Ich bin gespannt, ob mein Kollege wieder gegen meine Idee in Opposition geht«. Je nachdem, mit welchem Fokus ich in die Besprechung gehe, entscheidet sich, wie sie verlaufen wird und welches Ergebnis am Ende herauskommt. Das heißt, ich setze vor Beginn des Gespräches die klare Absicht: »Ich werde ein wunderbares Gespräch mit meiner Chefin führen. Meine Idee wird gehört und geschätzt. Das allerbeste Ergebnis wird durch dieses Gespräch erzielt, und ich werde mich dabei absolut wohlfühlen.« Diese Vorgehensweise können wir auch vor allen anderen Tätigkeiten, Gesprächen, Aufgabenstellungen etc. anwenden.

In wunderbarer Weise erhöhen die kristallenen Elohim unsere Schwingung und verbinden uns so mit unserem Hohen Selbst. In der hohen Energie ist es jetzt viel leichter möglich, das Hohe Selbst wirklich in der Physis zu verankern.

Die Energie dieser Elohim wird nicht so deutlich wahrgenommen, da sie noch weniger dicht als die der anderen ist. Wir können es uns so vorstellen, dass die kristallenen

Elohim uns eine Art Buffet der unbegrenzten Möglichkeiten bieten. Je nachdem, was wir wählen, was unsere Absicht ist, wird genau das über das kristallene Gitter in der Dreidimensionalität manifestiert. Die Elohim bilden quasi Schablonen aus dem unendlichen Angebot des Kosmos, und unsere gewünschte »Speise«, die Erfahrung, wird uns serviert. Unter ihrem Einfluss wird alles möglich, und Begrenzungen lösen sich auf. Die Gegensätze verschwinden in der höheren Energie, was bleibt sind Synergien und Kooperation.

Übung

Lasse dich von der Energie der kristallenen Elohim durchströmen – bis in alle Zellen, in alle Schichten deiner Aura. Körper, Geist und Seele sind davon durchdrungen. Sanft aber kraftvoll heben sie jetzt die Schwingung deines ganzen Systems an. Atme dabei tief ein und aus, und lasse es geschehen. Du spürst, siehst, hörst oder weißt nun, dass dein Hohes Selbst jetzt Kontakt mit dir aufnimmt. Klar und deutlich kannst du es wahrnehmen. Bitte darum, dass die Energie deines Höheren Selbst jetzt in der Physis verankert wird und du seine Qualitäten mehr und mehr im Alltag leben kannst. Verbunden mit deinem Hohen Selbst tauchst du nun ein in das Feld der unbegrenzten Möglichkeiten. Wähle aus, was du erleben und manifestieren möchtest. Gib deine Bestellung bewusst auf! Zum Abschluss genieße das intensive Einssein mit dem Göttlichen. Danke den kristallenen Elohim!

Häufig gestellte Fragen

Brauche ich die Elohim-Ketten oder -Öle, um eine Wirkung zu erzielen?

Nein. Die Schwingungsprodukte sind als Unterstützung gedacht, ebenso wie Meditations-CDs, Bücher, Sprays oder Symbole. Sie helfen uns, die Energie wahrzunehmen und gegebenenfalls zu verstärken, aber wir können genauso gut einfach direkt mit den Elohim-Energien in Kontakt treten – ohne Hilfsmittel. Die Wirkung hängt nicht davon ab, welchen Weg wir wählen!

Sind Elohim die »besseren« Engel?

Nein. Es gibt keine besseren oder schlechteren Engeln. Alle Engel sind Energieformen, die unterschiedliche Schwingungszustände aufweisen, wovon jede für sich im Prozess des Erschaffens wichtig ist. Manchmal kann die Schwingung der Elohim zu hoch sein, und wir benötigen stattdessen die Energie eines aufgestiegenen Meisters oder unserer Schutzengel. Es ist themen- und situationsabhängig, was uns gerade am besten hilft. Menschen, die sich noch nie mit Energien beschäftigt haben und ganz am Anfang stehen, »vertragen« zum Beispiel die Elohim oft gar nicht. Das können wir uns so vorstellen, als würde man sich noch völlig blass stundenlang ungeschützt intensiver Sonnenstrahlung aussetzen. Das kann nicht gut gehen! Ebenso ist es mit den verschiedenen Energien der geistigen Welt.

Kann ich mich nicht gleich direkt an Gott wenden, über die Engel ist das doch ein Umweg, oder?

Wir dürfen erkennen, dass alles eins ist und alles perfekt zusammenarbeitet. Angenommen, ich gehe ins Restaurant, dann werde ich im Normalfall von einem Angestellten bedient. Nun könnte ich verlangen, vom Chef persönlich bedient zu werden, aber wäre das sinnvoll? Es hat ja einen guten Grund, warum der Chef Angestellte hat. Ich verstehe es so, dass alles seinen Sinn hat und auch gut aufgeteilt ist. Elohim und andere Engel sind für uns leichter zu erreichen als die Chefetage, sie sind die Ausführenden. Es gibt keinen Grund, warum wir den Kontakt zu ihnen nicht nutzen und genießen sollten!

Ist das wirklich alles so einfach, wie du schreibst?

Ja, es ist so einfach! Die Frage ist, ob wir annehmen und zulassen können, dass das Leben einfach ist! Uns würde schier die Luft wegbleiben, wenn wir hinter die Kulissen blicken könnten und erkennen würden, wie einfach letztlich alles ist und dass das Universum uns nur Gutes will und bringt! »Zulassen, zulassen, zulassen« ist die Zauberformel!

Danke!

Mein großer Dank gilt den Elohim und allen anderen engelhaften Anteilen meiner Seele, die mich so liebevoll, klar und beständig führen. Mit euch im Gepäck macht das Leben so viel Freude!
Viele irdische Engel begleiten mich tagtäglich: meine wundervolle und grandiose Familie, meine lieben und unterstützenden Freunde und meine Perle C. Ganz speziell möchte ich Petra Schneider und Charles Virtue danken, die Gespräche beim Engelkongress 2010 haben mir geholfen, endlich mit dem Schreiben anzufangen (natürlich mithilfe der Elohim). Ich verneige mich in großer Dankbarkeit vor allen meinen Ausbildungsteilnehmern, Seminarteilnehmern und Klienten, durch euch darf ich täglich so viel lernen, so viel Wundervolles erleben, spüren und begleiten! Danke an alle!

Über die Autorin

Awen Lucia ist Kanal für die Energien der Erzengel und Lichtwesen und gleichermaßen eine Expertin für absolut irdisches Coaching.
Ihre Mission und Leidenschaft ist es, Spiritualität und Alltag in jeder Hinsicht zusammenzubringen. Awen hat die besondere Fähigkeit, Menschen in allen Lebenslagen zu helfen, da sie sowohl die himmlische Unterstützung nutzt als auch genau weiß, welche Schritte im täglichen Leben nötig sind. Sie ist eine leidenschaftliche Lehrerin und weiß, Menschen zu führen, denn dies ist ihre Bestimmung in diesem Leben. Ihre Kompetenzen hat sie sich bei den besten Lehrern und während ihrer mittlerweile über 14-jährigen Praxis- und Kursleitertätigkeit angeeignet.
Awen ist ausgebildete Angel Therapy Practitioner® certified by Doreen Virtue. Von der geistigen Welt wurde sie über die Jahre hinweg zu verschiedenen Lehrern, Ausbildungen, Büchern und durch viele eigene Erfahrungen geführt.

»Jeder Mensch ist großartig und einzigartig! Meine Mission ist es, die Menschen dabei zu unterstützen, ihr gesamtes *Potenzial zu leben* und wirklichen Erfolg und wahre Erfüllung zu erfahren. Spiritualität und weltliche Erfüllung gehören zusammen. Du bist großartig, du selbst *bestimmst über dein Leben*. Es gibt immer eine Lösung!«